T0258490

lebensstark

T V Z

SABINE BRÄNDLIN (HG.)

lebensstark

Frauengebete aus dem Aargau

TVZ

Theologischer Verlag Zürich

Gedruckt mit freundlicher Unterstützung der
Reformierten Landeskirche Aargau.

 REFORMIERTE LANDESKIRCHE AARGAU

Bibliografische Informationen der Deutschen Nationalbibliothek
Die Deutsche Nationalbibliothek verzeichnet diese Publikation in der
Deutschen Nationalbibliografie; detaillierte bibliografische Daten sind
im Internet über http://dnb.d-nb.de abrufbar.

Umschlaggestaltung
Mario Moths, Marl
Unter Verwendung der Fotografie einer Scheibe von Felix Hoffmann:
Das Gleichnis von den klugen und törichten Jungfrauen (Ausschnitt),
Kirche Auenstein, 1953. Foto: Hans Fischer

Bildauswahl
Barbara Strasser, Aarau

Satz und Layout
Mario Moths, Marl

Druck
Rosch-Buch GmbH, Scheßlitz

ISBN 978-3-290-17772-0
© 2014 Theologischer Verlag Zürich
www.tvz-verlag.ch

INHALT

Ich rolle dir entgegen – vertrauen

Ein Abgrund öffnet sich vor mir – zweifeln und verzweifeln

Verwandle meine Dürre – bitten

Du bist die Adresse – danken

Geleitwort

Betende Menschen nehmen einen Schritt Distanz zum Leben. Sie nehmen sich heraus aus dem, was ihr Leben unmittelbar bestimmt, und wenden sich an Gott als den ganz Anderen.

Betende stehen mitten im Leben. Sie fragen und wollen verstehen. Sie suchen und möchten finden. Sie sind auf dem Weg und möchten ankommen: Bei Gott, bei sich selber.

Das Gebet ist Weg und Ziel zugleich.

Das Gebet ist ein Paradox. Es wendet sich dem unsichtbaren, unaussprechlichen, unerhörten Gott zu. Es distanziert uns vom Strom des ganz unmittelbaren Lebens und stellt uns dennoch mitten ins Leben hinein. Es lässt uns zugleich aufbrechen und ankommen. Nie sind wir so ganz bei uns selber, wie wenn wir uns selber vergessen, und ganz bei Gott sind. Das Gebet ist innigster Ausdruck des Glaubens: der Beziehung zwischen Gott und den Menschen.

Gebete, ganz persönliche Gebete zu publizieren ist deshalb eigentlich ein Ding der Unmöglichkeit. Und trotzdem ist es den Schreiberinnen und der Herausgeberin des vorliegenden Buches gelungen. Frauen, die mitten im Leben stehen, beten – genau da, wo sie sind: im Spital, im Beruf, im Familienleben, im Gefängnis, im Altersheim – zu Gott in ihrer je eigenen Art und Weise. Es sind authentische Gebete: hier fliessend und wortreich und dort nach Worten ringend. Genau weil die Gebete nicht geschliffen und poetisch schöngeschrieben wurden, sind sie nah bei uns Leserinnen und Lesern. Es sind Gebete, die jene zum Selbstversuch einladen, die meinen, sie hätten das Beten verlernt oder gar nie gekonnt. Und es sind Gebete, die jene ermuntern, die selber auch schon als Beterinnen und Beter unterwegs sind.

Gerne möchte ich an dieser Stelle den Autorinnen der Gebete danken. Sie gewähren uns einen Einblick in ihr Glauben und in ihr Zweifeln. Sie ermutigen uns damit, es ihnen gleichzutun und zu beten: Mitten im Leben Abstand zum Leben zu gewinnen. Mitten im Leben ganz bei Gott und damit ganz bei uns selber, lebensstark zu sein.

Christoph Weber-Berg, Pfarrer, Kirchenratspräsident der
Reformierten Landeskirche Aargau

Vorwort

Regelmässig belegen Studien: Rund 60 Prozent der Schweizerinnen und Schweizer beten regelmässig. Mich interessiert diese betende Mehrheit. Als Inhaberin der Genderstelle der Reformierten Landeskirche Aargau richte ich in diesem Buch meinen Blick besonders auf betende Frauen. Ich habe Frauen von Zofingen bis Rheinfelden, Mädchen im Religionsunterricht ebenso wie hochbetagte Frauen im Altersheim und Frauen quer durch die Kirche für dieses Buch um ein Gebet angefragt. Ganz bewusst wollte ich keine Gebete von Prominenten und professionellen Beterinnen. Mich interessierten die Gebete ganz gewöhnlicher Frauen.

Zudem fragte ich Frauen für dieses Buch an, die sich in anspruchsvollen Lebenssituationen befinden: Frauen, die von schwerer Krankheit, Kinderlosigkeit oder dem Tod eines geliebten Menschen betroffen sind, Mütter behinderter Kinder und Frauen mit einer Behinderung ebenso wie eine Frau im Strafvollzug haben für dieses Buch ihre Gebete aufgeschrieben. Dieses Buch sammelt keine für andere erdachten, sondern authentische Gebete von Frauen mitten aus dem Leben.

Für viele Menschen ist die eigene Spiritualität intimer als ihre Sexualität. Bei meinen unzähligen Anfragen für dieses Buch wurde es deshalb auf der anderen Seite der Telefonleitung zuerst meist ganz still. Nur wenige Frauen haben gleich spontan zugesagt. Die meisten mussten sich meine Anfrage überlegen. Schlussendlich habe ich jedoch nur ganz wenige Absagen erhalten. Einige haben von der Möglichkeit Gebrauch gemacht, ihr Gebet anonym zu publizieren.

Allen Frauen, die ihr Gebet für dieses Buch zur Verfügung gestellt haben, gebührt mein grosser Dank. Sie geben Einblick in ihr Glaubensleben und zeigen nicht nur, dass viel gebetet wird, sondern auch wie Frauen heute beten. Barbara Strasser danke ich vielmals für die Bildauswahl. Zudem danke ich dem Kirchenrat der Reformierten Landeskirche Aargau sehr herzlich für alle Unterstützung. Mein Dank richtet sich ebenfalls an alle Kolleginnen und Kollegen in den Kirchgemeinden und Spezialpfarrämtern, die selber Frauen angefragt haben und an die Mitarbeitenden im Haus der Reformierten in Aarau für ihre Tipps, wen ich für dieses Buch anfragen könnte.

Sabine Brändlin, Pfarrerin, Fachstelle Frauen, Männer, Gender der Reformierten Landeskirche Aargau

Ich rolle dir entgegen –

vertrauen

Felix Hoffmann: Verkündigung an Maria, aus dem kleinen Christusfenster
(unterste Szene) im Chor der Stadtkirche Aarau, 1939–1943. Foto: Hans Fischer

Gebet einer Rollstuhlfahrerin

Guter Gott – Schöpfergott der Rollis und Fussis,[*]
ich stehe nicht auf, um zu beten.
Ich bleibe sitzen.
Im Rollstuhl.
DU sagst zu mir: «Es spielt keine Rolle, ob du sitzt
oder stehst.
Du betest nicht mit den Füssen.
Du betest mit dem Herzen.»

Ich weiss, ob ich stehe oder sitze – DU bist bei mir,
mein Gott!

Im Rolli schmerzt mein Nacken vom vielen
Nach-oben-Sehen zu den Fussis.
DU bist nicht da oben geblieben.
DU bist heruntergekommen zu mir,
kniest dich neben mich,
bist auf Augen- und Herzenshöhe mit mir,
legst deine Arme um mich.

Ich weiss, ob ich stehe oder sitze – DU bist bei mir,
mein Gott!

DU gibst meinen Armen Kraft, die Räder zu drehen.
Und wenn sie nachlässt, bläst dein Atem in meine
Seele.

---

[*]   Rollis = Rollstuhlfahrende
       Fussis = Fussgänger

Flügel erwachsen mir.
Ich rolle dir entgegen.
Ich weiss, ob ich stehe oder sitze – DU bist bei mir,
mein Gott!

Mit dem Lebenstempo der Fussis kann ich nicht
mithalten.
Zurückgebunden, beschnitten,
Angst, Schmerz, Trauer.
Aufbegehren!
Zulassen, überlassen, ergeben.
Christus in mir.
DU lebst und ich mit dir.

Ich weiss, ob ich stehe oder sitze – DU bist bei mir,
mein Gott!

Mein Rolli tanzt
dir zur Ehre.
Die Lust und Freude am Leben ist stärker als alles
andere.
Danke mein Gott!
Deine Liebe – dein JA zu mir.

Amen

Heidy Anneler, 1958, seit dem 6. Lebensjahr querschnittge-
lähmt, Psychologin und Sozialdiakonin, Nussbaumen

Getragen in deinen Händen

Du bist da
wenn mein Liebster fortgeht
und nimmst ihn auf in deine Hände

Du bist da
wenn sich der Boden unter meinen Füssen öffnet
damit ich sicher weitergehen kann

Du bist da
wenn das Morgenrot leuchtet
damit ich daraus Kraft schöpfe für den neuen Tag

Du bist da
wenn mich die Trauer wie Kälte erstarren lässt
und legst einen dichten Mantel um mich

Du bist da
wenn Menschen mich an der Hand nehmen
damit das Alleinsein erträglicher wird

Du bist da
wenn Träume meinen Schlaf stören
und wiegst mich in Ruhe

Du bist da
wenn Musik meine Seele beflügelt
wo keine Worte möglich sind

Du bist da
wenn ich Entscheidungen treffe
die das Leben mir abverlangt

Du bist da
wenn ich erschöpft einbreche
und lässt mich im Schatten deiner Flügel ausruhen

Du bist da
wenn Tränen meine Wangen streicheln
und fängst sie auf als kostbares Gut

Du bist da
wenn Türen sich öffnen
wo keiner sie vermutet hat

Du bist da
wenn Mond und Sterne die dunkle Nacht erleuchten
um mir den sicheren Weg zu weisen

Du bist da
wenn Blumen am Wegrand blühen
um mir die Kraft der Natur zu zeigen

Gott der Gnade, mein Vater, Freund und Geist

Ich danke dir dafür

Amen

Claire Huwyler-Wismer, 1955, Familien- und Geschäftsfrau,
Einsatzleiterin des kantonalen Palliative-Care-Begleitdiensts
der Reformierten Landeskirche Aargau, Mühlau. Ihr Ehemann
verabschiedete sich drei Monate zuvor 59-jährig durch Suizid
von dieser Welt.

Mein Licht im Dunkel

Du bist immer für mich da.
Egal was ich tue, du lässt mich nie allein ...
Auch wenn ich allen Mut verliere,
kein Licht im Dunkeln sehe,
du bist da und du weisst, wie es mit mir weitergeht.
Du bist mein Licht, das im Dunkeln scheint.
Du bist wie die Sonne im Nebel
und du zeigst mir meinen Weg,
der zurück zum Leben führt ...
Du gibst mir neuen Mut und dafür dank ich dir Tag
für Tag.

Amen

Frau, in Hindelbank inhaftiert

Bei dir liegt meine Hoffnung

Etliche Male hast du mich gerettet.
In der Tiefe des Leides, der Not,
der Einsamkeit, der Verlassenheit und Verzweiflung
fingst du mich immer auf mit deiner Liebe, Kraft
und Ermutigung.

Du bist es, der mich trägt, wenn alles
zusammenzubrechen droht.
Deine Liebe umgibt mich, wenn von Mitmenschen
nur Kälte ausströmt.
Bei dir liegt meine Hoffnung, wenn die Zukunft nur
noch düster aussieht.
Du sorgst dafür, dass mitten in der Finsternis neues
Licht entsteht
und dadurch wieder Zuversicht aufkommen kann.

Du bist mein Halt,
du bist meine Zuflucht,
du bist meine Rettung.

Danke, dass ich loslassen und darauf vertrauen
darf,
dass du auch meine Kinder liebevoll umgibst
und sie auf ihren Wegen immerfort treu behütest
und begleitest.

Amen

Katrin Kruysse, 1968, alleinerziehende Mutter und Lehrerin,
Aarau

Leben, das will ich von dir

Allein
Gott
allein und dann
du

man sagt: Vater
und meint
etwas Starkes
etwas Bejahendes
etwas Schützendes
dich
für mich
für uns
schon immer
und noch eine ganze Weile

man sagt: Vergebung
man verspricht: Entlastung
was ist Vergebung
wie geht vergeben
wie geht weg
was zu vergeben wäre?
von selbst geht nichts
schon gar nicht weg

ich sage: du
ich schreibe: Gott
ich meine: Leben
das will ich von dir
für mich
für uns

eigentlich nur:
in dir
sein

Amen

Helene Thürig, 1957, Organistin und Klavierlehrerin, Lenzburg.
Betet normalerweise singend und musizierend, gelegentlich
auch schreibend.

Geborgen

Mein lieber Herr und Gott,
bei dir will ich sein
mich sicher und geborgen fühlen, angenommen.

Wo bist du?
In der Blume am Wegrand?
Im Sonnenstrahl, der mich wärmt?
Im Nächsten, der mir gerade Mühe macht?

Mein lieber Herr und Gott,
bei dir will ich sein.
Allumfassende Macht und Kraft.
Mit deinem Sohn kommst du mir entgegen –
in mein Ich.
Dein Geist hilft mir und tröstet mich.
Du bist in mir und ich in dir.

Mein lieber Herr und Gott,
bei dir will ich sein.
Geborgen, behütet – wunderbar.

Amen

Lotti Döbeli, 1958, Arztsekretärin, Birrwil

Wandlung

Sich immer wieder
der menschlichen Begrenztheit bewusst sein
und bleiben,
ist eine der grössten Herausforderungen des Lebens.

Trotzdem mitgestalten, verändern und wachsen,
Möglichkeiten ausschöpfen – das heisst,
sich öffnen, anderes zulassen, kreativ sein
und
dir vertrauen.
Sich dir anvertrauen.

Das alles braucht viel Mut und Kraft,
muss ausgehalten, gelebt werden.
Und doch – deine Begleitung spüren
macht Wandlung als fruchtbaren Sinn des Lebens
erfahrbar.

Danke

Amen

Susanna Benz, 1964, Mutter, Katechetin, Ehrendingen

Stärke mein Vertrauen

Guter Gott
Auch heute Morgen bin ich vor die Kinder getreten.
Auch heute Morgen war ich voller Erwartungen,
wie du wirken würdest.
Auch heute Morgen hab ich dir vertraut,
dass du mich leiten würdest.
Ich weiss es – es ist eine schwierige Klasse.
Zwei Kinder sind extrem laut.
Sie beeinflussen die ganze Gruppe.

Ein normales Unterrichten wie in anderen Klassen
ist kaum möglich.
Die ganze Stunde lang muss ich wirklich alle im
Blick haben.
Sich nur eine Sekunde abwenden –
schon bricht wieder Chaos aus.

Du kennst das, Gott, oder?
Hören diese Kinder überhaupt zu?
Bleiben deine Geschichten in ihren Herzen hängen?
Oder lassen sie den Religionsunterricht nicht
einfach über sich ergehen
wie anderes in der Schule auch?
Ich will dir vertrauen.
Ich weiss, dass du mich als Katechetin haben willst.
Du traust mir zu, solch schwierigen Kindern von
dir zu erzählen.
Oft traust du mir mehr zu als ich mir selber.

Ist das vielleicht ein Problem von uns Frauen?
Sind wir nie zufrieden?
Haben wir zu hohe Ansprüche an uns selber?

Auch heute Morgen hat mich das lauteste Kind
überrascht.
Es hat eine uralte Bibel seiner Grossmutter
mitgebracht.
Auch heute Morgen habe ich gestaunt,
wie gut die Kinder über Ostern Bescheid wissen.
Auch heute Morgen haben sich ein paar Kinder
strahlend von mir verabschiedet.

Guter Gott, hilf mir,
das Positive zu sehen und zu spüren.
Stärke mein Vertrauen,
dass meine Arbeit Früchte tragen wird!

Amen

Susanne Ammann, 1972, Katechetin, Rheinfelden

Vertrauen, das mich erfüllt

Gott,

oft fällt es mir nicht leicht,
mich an dich zu wenden,
zu bitten für Nächstenliebe
in einer Welt, die oft kalt und grausam ist.

Doch dann sehe ich so viele Zeichen
in der Natur, im täglichen Leben,
und ich weiss, dass du da bist,
und eine tiefe Dankbarkeit erfüllt mich.

Wenn ich deine Güte und deine Wärme spüre,
füllt sich in mir das Vertrauen in dich
und ich gehe getrost und gestärkt
durch diese Welt.

Amen

Ursula Stocker, 1949, pensioniert, arbeitet im Palliative-
Care-Begleitdienst, Gränichen

Die grosse Kraft

DU bist in allem Sein – in der Schönheit, die
jedem Augenblick innewohnt.
DEINE Umarmung ist in der Blume, der Musiknote,
der Stille, deinem Lächeln …
DEIN Segen, deine Leichtigkeit und dein Friede sei
überall.
DER du mich und meine Familie mit Liebe und
Schutz umhegst.
DEIN Licht und deine Freude erfülle mich und die
ganze Welt.
Danke!

Amen

Yvonne Müller, 1961, Kaufmännische Angestellte, Seengen

Frau sein

Greifen
Das Mädchen greift nach Farben, mühelos, sorglos,
Kinderaugen glänzen, Freude spiegelt sich wieder,
alles ist möglich.
Vertrauen in dich, Ewige, öffnet sich,
breitet sich aus.

Begreifen
Die junge Frau ergreift Chancen, mutig, vertrauend,
Lichterglanz in den Augen, sprühend vor Wunder
des Lebens,
jedoch noch fragil.
Vertrauen in dich, Ewige, nicht erprobt,
muss erst sich bewähren.

Ergriffen sein
Die Frau, ergriffen vom Glück des Gebärens,
das Leben wirbelnd, spiralförmig, hell und farbig,
Sorgen schleichen sich ein,
Wünsche erfüllen sich nicht.
Augenglanz kehrt wieder, ab und zu.
Vertrauen in dich, Ewige, ich bitte dich,
wachse in mir.

Fest im Griff
Enttäuschungen machen sich breit,
leicht ist es nicht, das Leben.

Erfahrungen binden den Körper,
bestimmen das Denken,
jeden Tag neu muss die Hoffnung bestehen.
Vertrauen in dich, Ewige, auch das Gute
hat seine Zeit.

Griff lösen
Tränen in den Augen, verschwundener Glanz,
reich an Erlebtem,
Wechsel von Dank und Enttäuschung
prägen den Alltag,
Vertrauen in dich, Ewige, ist nötig,
wird kostbar.

Wieder ergreifen
Neues tut sich auf, anderes wird wichtig,
noch einmal etwas wagen,
und sich mit Altem versöhnen.
Die Einsicht dringt durch: Dich ja nicht verpassen.
Vertrauen in dich, Ewige, lohnt sich trotz allem,
trägt das Leben.

Griff loslassen
Einsam im Alter, doch reich an Früchten der Jahre,
lebenstauglich, liebeserprobt, bewährt.
Dankbarkeit wird wichtig,
neuer Glanz in den Augen,
so wie es war, ist es gut.

Vertrauen in dich, Ewige, Lebenswunder,
grenzenloses Geheimnis.

Ich tauche ein in das Meer deiner Lebenskraft.

Amen

Monika Neidhart Senn, 1956, Sozialbegleiterin und Katechetin,
Wettingen

Ausgrenzung

O Gott,

du himmlische Kraft, Anfang und Ende allen Seins
in Vollkommenheit.
Wir bringen unsere Last zu dir:
die Last der Verantwortung für uns und unsere
Völker
als Frauen, Mütter, Gefährtinnen.

Wir waren unachtsam bei Ungerechtigkeit und
Ausgrenzung;
zu feige, mutig einzuschreiten, wenn deine perfekte
Ganzheit geteilt und verstossen wurde.
Wir beachteten nicht, wie deine Liebe Stärke
schenkt
und waren zu schwach, Vorbilder zu sein:
Deine Einheit zu leben - angefangen in unseren
Häusern.

Wir bekennen: Die Intoleranz und Sturheit
unserer bequemen Gewohnheiten und Traditionen
in unser Herz gelassen zu haben,
anstatt deine immerwährende, erfrischende
Erneuerung und Erweiterung anzunehmen und
zu leben!
Es tut uns aufrichtig leid
und wir bereuen unsere kleinlichen Gedanken,
trennenden Worte und beschämenden Taten.

Vergib uns, was in der Vergangenheit geschehen ist
und hilf uns,
es deinem Sohn gleich zu tun:
In wachem, betendem Handeln dir,
dem EINEN Gott,
zu dienen,
wahrhaftig zu vergeben,
mit weitem Geist und offenem Herzen
deine grossartige Schöpfung als Frauen zu hegen,
heilen, pflegen.

Amen

Corinne Gaberell, 1966, Pädagogin, Therapeutin, Sigristin,
Niederlenz

Das Gebet entstand nach Annahme der Volksinitiative gegen
Masseneinwanderung am 9. Februar 2014.

Reich beschenkt

Himmlischer Vater, du grosser Schöpfer,
zu dir bete ich.
Danke für Jesus Christus und den heiligen Geist,
ich freue mich.

Du bist in mein Leben gekommen,
ich danke dir von Herzen.
Vor Freude möchte ich anzünden,
tausend Kerzen.

Ich habe dich gesucht,
du hast dich von mir finden lassen.
Das Feuer brennt, es wärmt;
erlöschen kann es nie, durch kein Wasser.

Unendlich umhüllt, behütet
und in Liebe geborgen.
Plötzlich weg oder fern
sind all meine Sorgen.

Beeindruckt von der Bibel,
deinem Buch;
nicht widerlegbar, auch gescheitert,
so mancher Versuch.

Atemberaubend und betörend ist vieles darin,
und manches so unbegreiflich.
Geschichten, Regeln, Denkanstösse, Weisheiten;
davon hat es reichlich.

Jesus hast du in die Welt geschickt,
das Beste, was es je gegeben hat.
Doch – wie er gehen musste,
diese Geschichte hab ich satt.

Das Leben hast du uns geschenkt,
ob wir es wollen oder nicht.
Du hast Gutes vor und möchtest nicht,
dass jemand zerbricht.

Wir erleben Höhen und Tiefen,
sie gehören zum Leben.
Innere Freude genauso
wie grosses Beben.

Sich erst Sorgen machen, wenn es nötig ist;
ein bisschen mehr Gottvertrauen.
Gott begleitet und rät uns,
nicht auf Sand zu bauen.

Bäume, Berge, Meer und Land;
Blätter, Steine, Wasser und Sand:
Schöpfung, von deiner Hand gemacht;
wunderschön und wohl bedacht.

Die Mystik, ein himmlisches Gefühl;
auch das hast du uns geschenkt.
Durch sie werden die Gedanken
im Alltag zu dir gelenkt.

Du warst und bist immer da,
die unversiegbare Lebensquelle.
Immer bei mir, überall;
egal an welcher Lebensstelle.

Und dann, irgendwann,
wenn sie gekommen ist, die Stunde;
steh ich vor dir mit grosser Freude
und offenem Munde.

Amen

Olivia Pinetti-Kirchhofer, 1969, Mutter, Haus- und Gartenfrau,
Sekretärin

Vom wahren Weinstock
et de ses différentes vignes
(Johannes 15,4+5)

Lieber Gott,

Jesus hat gesagt: So wie eine Rebe nur am Weinstock Früchte bringen kann, so werdet auch ihr nur Früchte bringen, wenn ihr mit mir verbunden seid. Ich bin der Weinstock und ihr seid die Reben.

Le temps passé avec toi, Dieu, est loin d'être du temps perdu. Au contraire, c'est en ce moment que nous faisons provision de l'énergie spirituelle nécessaire pour les défis journaliers et pour notre service pour toi, Dieu.

Danke Gott, dass wir mit dir verbunden sein dürfen und so alles erhalten, was wir zum Leben brauchen. Danke auch, dass wir als Reben miteinander verbunden sind und uns gegenseitig stärken können. Danke für Marguerite, die mir in ihrer Schlichtheit und Treue dir gegenüber ein Vorbild und ein Ansporn ist, fest mit dir verbunden zu sein und zu bleiben.

Amen

Marguerite, Demokratische Republik Kongo / Ursula, Schweiz

Zwiesprache mit dem göttlichen Du

Du, Gott, wer bist du?

Als Kind warst du für mich der liebe Vater im Himmel, der für jeden nur das Beste will, dem man alles anvertrauen kann, der mich beschützt und vor Schaden bewahrt.

Die ersten Zweifel an deiner göttlichen Allmacht kamen, als ich nach und nach verstehen lernte, dass jeden Tag weltweit Kinder an Hunger sterben, dass auch bei uns viele Menschen viel zu früh durch Krankheit oder Unfall sterben, wie meine Gotte, eine junge Krankenschwester.

Mit der Erklärung, dass das, was wir uns wünschen, oft nicht das Richtige und die Macht des Teufels nicht zu unterschätzen sei, gab ich mich wieder eine Zeit lang zufrieden.

Doch nicht mehr, als man mir weismachen wollte, dass es dein Wille war, dass Jesus, dein Sohn, für unsere Sünden ans Kreuz genagelt wurde.

Der Kreuzestod sei ein Mysterium, sagte man mir. Aber ist es nicht vielmehr so, dass Jesus wegen seiner Lehre der Nächstenliebe, einer neuen Geschwisterlichkeit sterben musste? Eine Lehre, die noch heute den Mächtigen nicht gefällt.

Christus, wer bist du für mich?

Sicher ein Prophet, ein leuchtender Stern, ein Kind Gottes wie wir alle, und für mich ein grosser Bruder, den ich mir als Einzelkind gewünscht hatte.

Und du, Gott, wer sagt denn, dass du ein Mann und nicht eine Frau bist? Für mich bist du beides beziehungsweise weder noch. Bist du nicht eher eine grosse Schöpferkraft, mit der wir zeitlebens verbunden bleiben und zu der wir einst zurückkehren werden?

Auch wenn du nicht allmächtig bist und die Verbindungen zu dir manchmal unterbrochen werden, bitte ich dich, mir die Weisheit und immer wieder die Kraft zu schenken, mit dir an der Verbesserung unseres unvollkommenen, oft zerstrittenen Zusammenlebens auf unserer einzigartigen Erde zu arbeiten und dabei Umwelt und alle Geschöpfe zu lieben und zu achten.

Amen

Marianna Matti, 1945, war bis zu ihrer Pensionierung als Sozialarbeiterin tätig, Reinach

Ein Abgrund öffnet
sich vor mir –
zweifeln und verzweifeln

Felix Hoffmann: Kreuzigung (linkes Fenster) aus dem Chor der reformierten
Kirche Rheinfelden, 1941. Foto: Hans Fischer.

Engel ohne Flügel

Ein Moment, ein Augenschlag, ein Herzschlag ...
Und dann Stille ... unendliche Stille.
Ein Abgrund öffnet sich vor mir.
Der Boden gibt nach.
Kein Raum, keine Zeit ...
Nur Unendlichkeit.
Gott, wohin führst du mich?
Warum muss ich das sehen, dies fühlen?
Der liebevoll umarmende, barmherzige Gott warst
du für mich.
Eine kalte Hand greift nach meinem Herzen.
Bist du das auch? Habe ich mich so getäuscht in
dir?

Engelsscharen begleiten mich und geben mir Trost,
wenn ich nicht mehr weiter weiss. Sie zeigen mir
den Weg.

Ja ... da bist du, mein Gott.

Du lässt mich nicht alleine, auch wenn ich in der
Dunkelheit gefangen bin und ich glaube, dass ich
ganz alleine und verloren bin.

Nein, ich bin nicht alleine. NIEMALS!

Du nimmst mir nicht die schlimmen und schicksal-
haften Erlebnisse weg, sondern du trägst mich auf
deinen Armen, bis ich wieder selber gehen kann. Die
einzelne Spur im Sand kommt nicht daher, dass ich
alleine bin, sondern weil du mich TRÄGST!

Ein anderes Bild erwacht in mir.

Ein Bild von einem anderen Gott. Einem Gott, der weiss, warum ich diese oder jene Erfahrung machen muss. Der die Engel beauftragt, den Menschen zu helfen, damit sie lernen können.

Ein Gott, der mich nicht fallen lässt, aber manchmal etwas in den Hintergrund tritt, damit ich laufen lerne. Und wenn ich falle, rapple ich mich wieder auf, um stark zu werden.

Ich bin da! Ich gehe den Weg, den du mir aufgetragen hast, auch wenn er schwer ist.

Mein Herz wird weicher, liebevoller. Ich lerne Mitgefühl in all seinen Facetten. Ich lerne, für andere, aber auch für mich selbst da zu sein und die Herzen zu berühren.

Wie ein Engel ohne Flügel!

Ich danke dir, mein Gott, dass ich die Erfahrung von tiefer Demut und Herzensgüte erleben darf.

Der Weg dorthin ist sehr, sehr schwer, aber er ist nicht umsonst. Das weiss ich jetzt.

Amen

Frau, deren Mann an Herzversagen verstorben ist

Brustkrebs

Wie soll es weitergehen, Gott?
Ich habe so viel Angst:
Angst vor der Operation.
Angst vor meinem veränderten Aussehen.
Angst vor dem Sterben.

Gott, dieses Leben ist eine Zumutung!
Trotzdem will ich dich beim Wort nehmen:
Du hast versprochen,
es mit mir zu tragen.
Ich brauche dich!

Ich brauche dich!
Und ich erfahre dich:
Manchmal, wenn ich ganz tief in der Angst versinke,
ist da dieser Boden,
unbeschreiblich und unerklärlich.
Ist da dieser Boden,
tief, tief unten,
der mich hält.

Ich bitte dich:
Sei bei meinen Liebsten,
so wie du bei mir bist, Gott,
besonders bei meinen Kindern.
Halte auch sie und
hilf ihnen, ihre Ängste zu tragen.
Im auferstandenen Christus bist du mir ganz nah.

Ich hoffe auf Auferstehung:
Auferstehung aus der Verzweiflung und der Angst.

Und so kann ich dir danken:
Für mein Leben.
Für meine Familie,
Freundinnen und Freunde.
Für alle Gebete,
die mich tragen.
Dafür, dass ich dich finden darf –
dort, wo mein Leben versehrt ist.

Amen

Frau, die vor einem Jahr an Brustkrebs erkrankt ist

Seit du an meiner Seite bist

Lieber Gott,

seit du an meiner Seite bist,
kann ich nicht mehr so tun, als wäre mir alles egal,
als ob alles in Ordnung sei
oder als ob alles beim Alten bleiben könne ...
Denn du bist kein Trip, mit dem ich mich aus dieser
Welt davonschleichen kann.
Du bist auch kein billiger Trick, den ich benutzen
kann, um mir eine heile Welt aufzubauen.
Denn du, lieber Gott, stehst für Gerechtigkeit ...
Du bist es, der mich Tag für Tag wachrüttelt und
sagt:
Spiel nicht mit diesem Teufelskreis der «Möchte-
gerne», der «Bosse» oder der «Kleinkriminellen» ...
Ach, lieber Gott,
meine Situation ist so verflixt verfahren, fast
aussichtslos ...
Doch ich nehme all meine Kraft zusammen und
will mit dir an meiner Seite anders sein ...
Ich werde auf deine Art leben und ein neuer
Mensch sein,
ohne Furcht vor dem Morgen.

Amen

Frau, in Hindelbank inhaftiert

Kinderlos

Ich komme zu dir mein Gott; hilf mir, gib mir Halt und Geborgenheit.

Ich möchte dasselbe erleben, was andere erfahren. Warum darf ich nicht so sein wie alle anderen Frauen? Warum lässt du mich hängen, warum erschütterst du mich mit diesem Leiden? Mein Herz schmerzt, es tut weh. Es zerstört mich, oh Gott! Als fröhliche Frau bin ich bekannt, doch was machst du aus mir? Was kann ich noch ausrichten? Warum nimmst du mir alles, obwohl du mich so wertvoll gemacht hast? Das macht keinen Sinn. Warum schmetterst du mich in diesen unendlichen Schmerz hinein, der kein Ende hat? Ich halte es nicht aus. Wie kannst du mich leiden lassen, obwohl du mich so sehr liebst? Ich verstehe dich, Jesus, als du in Getsemani zu Gott geschrien hast: Ist es denn nicht möglich, dass dies alles an mir vorbeigeht und nicht mich trifft?

Der Hass auf diejenigen, denen alles zufällt und selbstverständlich abläuft, macht mich kaputt. Ja, ich hasse. Es ist schön, dass du vergibst, doch was bringt es? Wenn du mir heute vergibst, dann hasse ich auch morgen noch. Ich bin verletzt. Ich habe mich nicht entschieden, diese Gefühle zu haben und trotzdem reisst der Hass in mir wie ein gemeiner Dieb. Es erschreckt mich zu sehen, wie viel Leid ich dadurch andern zufüge. Kann ich etwas dafür? Es scheint mir, als würde jemand anders über meinem Leben bestimmen, jemand anders mir Gefühle eingeben. Was habe ich noch selbst in der Hand?

Dein Wille soll geschehen. Bestimme du, was in meinem Leben geschehen soll und was es bewirken soll. Ich gebe auf. Ich habe keinen Plan mehr, diese Situation macht mich stumm. Dein Wille soll geschehen in meinem Leben – was bleibt mir anderes übrig? Das Warum habe ich abgelegt, ich frage nicht mehr. Zu viel habe ich danach gefragt. Zu lange habe ich keine Antwort erhalten. Es bleibt mir zuletzt nur noch eine Frage: Kann ich Fragen in meinem Leben offen lassen?

Leer stehe ich da, ich habe nichts mehr auszurichten. Ich bin auf dich angewiesen. Deine Grösse kann ich nicht begreifen. Deine Gedanken sind mir fern und ich verstehe sie nicht. Es wird mir nun klar: Ich kann nichts ausrichten ohne dich. Deine Macht ist gewaltig, du bist zu gross!

Amen

Regula Urech, 1982, Jugendarbeiterin, Ennetbaden

Fluchpsalm

Baruch ata Adonai, Eloheinu melech haolam. *

Verflucht sollt ihr sein,
ihr widerwärtigen alten Männer,
die ihr eure Grenzen nicht kennt,
die ihr mich besudelt, gedemütigt
und euch an der Angst in meinen Augen ergötzt
habt.

Verflucht sollt ihr sein,
ihr falschen Frauen mit den kalten Augen,
die ihr die Übeltäter unterstützt und verteidigt habt.
Mit dem Finger habt ihr auf mich gezeigt,
eure neidischen Schandmäuler über mich zerrissen,
euer tönernes Geschwätz über mich ausgegossen,
mich mit euren Lügen verleumdet.
Du sollst nicht falsches Zeugnis ablegen wider
deinen Nächsten,
wisst ihr das denn nicht?

Gott soll euch strafen
für eure Übergriffe,
für euer Tun und euer Nichttun,
für euer feiges Schweigen, euren Verrat.
Ihr alle habt mich in tiefste Bedrängnis gebracht.

---

* *Gepriesen seist du, Herr, ewiger Gott, König der Welt:* Anrufung Gottes zu Beginn
jedes jüdischen Segensspruches.

Ihr seid viele, und ich war allein.
Ihr alle habt gewusst, was ihr tut.
Mein Vertrauen habt ihr zerstört.
Die Gemeinde habt ihr zerstört,
die ich verlassen musste.
Ihr aber seid immer noch dort
und suhlt euch in eurer Scheinheiligkeit und
Selbstgerechtigkeit.

O Herr, mein Gott,
schweige nicht,
strafe sie,
zerbrich sie,
zermalme ihre Macht mit deiner starken Hand,
zertritt dieses niederträchtige Natterngezücht,
denn es führt deinen heiligen Namen in seinem
schamlosen Mund.
Es sind Gottlose und deiner nicht würdig.

Gesegnet sollst du sein,
du Schöner, Sanfter mit den warmen Augen.
Du bist mir auf einem Schiff begegnet,
und in einem grünen Leuchtturm über der Stadt am
See.
Du bist mir in einer Kirche begegnet.
Ermutigt, aufgerichtet und getröstet hast du mich,
mit Worten und ohne Worte,
voller Wärme und Liebe.
Du hast mir meinen Glauben wiedergegeben,

den Glauben an Aufrichtigkeit und Gemeinschaft,
den Glauben an Menschen mit wahrhaftigem Herzen.

Euch, ihr sanften, stillen liebevollen Männer
hat GOTT mir geschickt,
der bei mir steht und meine Seele erhält.
Gesegnet wirst du sein,
du Schöner, Sanfter mit den warmen Augen.

Ich danke dir, o Herr, mein Gott,
mein Fels, der du mich aus meiner Bedrängnis
errettet hast.
Gelobt und gepriesen sollst du sein, Gott,
allmächtiger Gott.
In Ewigkeit.

Amen

C. T., hat Übergriffe erlebt

Wüsten

wüsten
des lebens
hunger durst not
sprich du dein wort
du

amen

Rosmarie Wittwer, pensioniert, Unterentfelden

Ich sitze unter meinem Lieblingsbaum

Gott, ich bin da, glücklich und zufrieden.

Seit langem hatte ich eine Wut im Bauch.
Du weisst: Ich wurde bitter enttäuscht und
ich habe die Konsequenzen gezogen.
Mit dieser Entscheidung hatte ich nicht gerechnet.
Sie machte mich sehr traurig.
Du kennst mich und meine Enttäuschung,
du weisst warum.
Warum?
Ich bin seit vielen Jahren für dich unterwegs
und nun diese Prüfung.
Was habe ich falsch gemacht?

Und heute sitze ich da unter meinem Lieblingsbaum,
schaue durch die kahlen Äste in den Himmel.
Ein Telefonanruf, ein neues Lebensgefühl,
ich werde doch noch gebraucht.
Eine neue Aufgabe erwartet mich.
Das Warum bekommt einen Sinn,
du führst mich weiter,
du zeigst mir einen neuen Weg.
Ich spüre die Wurzeln, die mich halten,
ich spüre den Stamm, der mich umhüllt,
ich spüre die Bewegung in den Ästen,
ich sehe die Knospen der neuen Blätter.

Das Leben bekommt einen neuen Sinn.
Ich bin getragen durch deine Liebe.

Amen

S. M.

Gib mir Kraft

Lieber Gott, bitte gib mir die Kraft,
die täglichen Schmerzen auszuhalten.
Auch wenn die Depressionen kommen und ich in
ein Loch falle,
hilf mir, über diese Zeiten hinweg zu kommen.
Und wenn alles sinnlos erscheint,
gib mir Kraft, das alles auszuhalten.
Behüte meine Familie und lass sie deine Güte
spüren. Den alten Menschen schenke Zuversicht,
dass sie ihre letzten Tage in Frieden und ohne
Angst verbringen können.
Lieber Gott, ich danke dir für deine Güte.

Amen

Silvia Knaus, 1944, Rentnerin, verwitwet, im Palliative-Care-
Begleitdienst und als Besucherin alter Menschen tätig, Möriken

Diagnose Krebs

Du, Jesus, hast gesagt:
«Wenn ihr den Vater in meinem Namen
um etwas bittet,
wird er's euch geben.»
Ich bitte und rufe.
Niemand antwortet.

Ich bin krank,
unruhig, voller Angst.
Du, Jesus, hast gesagt:
«Fürchte dich nicht.»
Ich aber fürchte mich.

Nachts, wenn ich wach liege,
überfällt sie mich,
die Verzagtheit, die Sorge.
Wozu – warum – weshalb ich?

Du, Jesus, hast gesagt:
«Ich bin bei dir alle Tage.»
Ich aber bin allein.

Wo bist du, Gott?

Ich möchte loslassen,
die Angst, die Zweifel
und in deine Hände legen
mein leises Vertrauen.

Sei du mir nahe
und trage mich
durch diese Angst.

Amen

Therese Gerschwiler, 1941, Reinach

Wohin willst du mit mir, Herr?

Herr, ich lege dir mein Leben zu Füssen.
Bitte öffne du meine Augen,
lass mich den Weg sehen,
den du für mich vorgesehen hast!

Herr, ich bin unsicher.
Wohin willst du mit mir?
Welche Aufgabe hast du für mich vorgesehen?
Vielleicht bin ich schwer von Begriff.
Sag es mir so oft und so deutlich,
bis ich endlich verstehe.
Herr, wohin willst du mit mir?

Es geht mir gut, Herr, trotz allem.
Vermutlich immer noch zu gut.
Wohlstand macht träge.
Hilf mir dabei, unseren Wohlstand zu teilen.
Zeige mir eine Verwendung für den Reichtum in
meinem Herzen.
Wohin willst du mit mir, Herr?

Lass mich den Weg sehen,
den du für mich vorgesehen hast!
Hilf mir dabei, etwas weiterzugeben von dem,
was mich mein Leben bisher gelehrt hat.
Lass mich die Gewissheit weitergeben,
dass Mauern nicht für die Ewigkeit gebaut sind.
Weder die von Menschenhand aus Stein gebauten

noch die Mauern um unsere Herzen.
Wohin willst du mit mir, Herr?

Lass mich die Gewissheit weitergeben,
dass Dinge sich ändern können,
dass wir sie ändern können.
Jeder kann etwas tun.
Lass mich den Funken weitergeben,
die richtigen Worte finden.
Wohin willst du mit mir, Herr?

Herr, ich lege dir mein Leben zu Füssen.
Lass mich wissen, was du mit mir vorhast.
Sag es mir so oft und so deutlich,
bis ich endlich verstehe.

Herr, du kennst meinen Wunsch.
Ich will nicht vernünftig sein.
Wohin willst du mit mir, Herr?

Amen

Cordelia Ehrhardt, 1971, Mutter von zwei lebenden und einem
toten Kind, Hausfrau, Auenstein

Verbotene Liebe – verlorenes Glück

Gott,
wenn du mich jetzt nicht hältst, werde ich fallen
und den letzten Rückhalt verlieren.
Ich kann das alles nicht allein bewältigen.
Der Verlust ist so gross,
dass ich mich wie ausgehöhlt fühle.

Noch höre ich die wohlbekannte Stimme,
spüre die vertrauten Hände –
Ich könnte schreien vor Schmerz –
und ich klage dich an,
denn ich weiss nicht,
wohin ich sonst mit meiner Not gehen könnte.

Verzeih mir meine Vorwürfe,
aber meine Fragen und der Schmerz sind so
brennend –
und ich kann keinen Sinn darin sehen.

Bitte komm zu mir, schliesse mich in die Arme,
und lass mich deine Gegenwart ebenso spüren
wie das Leid, das mich lähmt.

Ich brauche deine Geborgenheit!

Amen

C. H.

Nach dem Eintritt ins Pflegeheim

Theres Schoch begleitet seit einigen Jahren betagte Gemeinde-
mitglieder nach dem Eintritt in ein Pflegeheim. Die im ersten
Gebet zusammengetragenen Anliegen begegnen ihr oft im
Alltag derer, die sie begleitet. In einem zweiten Gebet richtet
sie ihre eigenen Bitten und Gedanken an Gott.

Mein Herr und mein Gott, nimm alles von mir,
was mich hindert auf dem Weg zu dir.

Ein bewegter und mehrere Jahrzehnte langer
Lebensweg liegt hinter mir.
Jetzt fehlt es mir an Kraft im Körper und im Geist.
Ich spüre und ich weiss, dass ich Unterstützung
brauche für die Bewältigung der Alltagsaktivitäten.
Der schnelle Umzug ins Heim fühlt sich an
wie eine schmerzende Wunde in mir.
Ich habe Sehnsucht nach einer Welt,
in der ich mich zu Hause fühle.
Verlassenheit, Unsicherheit, Angst und Heimweh
begegnen mir jeden Tag.
Ich finde den Weg nicht mehr,
der mich zur Ruhe führt.
Mein Glaube hängt an einem ausgefransten Woll-
faden.
Meine Sprache wird öfters nicht mehr richtig ver-
standen.
Das Alleinsein ohne die vertrauten Menschen und
Einrichtungen ist ein Gefühl,

in der Gesellschaft verloren zu sein.
Ich kann nur noch an den nächsten Schritt,
an die nächste Tätigkeit denken,
nicht mehr an das Tagesprogramm.

Mein Herr und mein Gott,
beschenke mich Irrende mit Offenheit für die
erfahrene Aufmerksamkeit,
Wachheit und Vertrauen für die um mich gelebte
Liebe,
Dankbarkeit für die echte und achtungsvolle
erfahrene Unterstützung,
Ruhe und Frieden in meinem Herzen.

Mein Herr und mein Gott,
ich danke dir für das Glück,
als betagter und angeschlagener Mensch geachtet,
gesehen und gehört zu werden.
Ich danke für die Erhörung des Bedürfnisses,
beim Namen gerufen zu werden,
erkannt zu werden mit Leib und Seele.

Amen

Mein Herr und mein Gott,
erfülle auch mich als Begleitende dieser Menschen
mit Aufmerksamkeit.
Meine Besuche im Heim mögen eine
Herzensangelegenheit sein.

Mein Herr und mein Gott,
lasse mich vertrauensvoll, achtsam und in Treue zu
mir unterwegs sein zu den Menschen,
lasse mich nie vergessen:
Jeder Mensch ist ein Wunder,
ein Wunschkind des Schöpfers.
Mein Herr und mein Gott,
erfülle uns alle mit Gnade, Demut und Bereitschaft
offen zu sein für deinen Weg.

Amen

Theres Schoch, 1960, Leiterin Laien-Seelsorgeteam einer
reformierten Kirchgemeinde mit Arbeitsschwerpunkt im
Pflegeheim, Rheinfelden

Verwandle meine Dürre –
bitten

Felix Hoffmann: Noli me tangere, Scheibe im Chor der reformierten Kirche
Schöftland, 1954. Foto: Hans Fischer

Ostergebet

beim Betrachten eines abgestorbenen Baumes im Frühling

Ein verdorrter Baumstrunk
Am Rand einer Wiese
Abgebrochene Zweige
Grau
Vertrocknet
Unnütz
Abgeschrieben.

Frühling
Ein Wunder
Neue Triebe brechen hervor
Zartgrün
Streben in die Höhe
Suchen das Licht.

Neues Leben
Aufbruch
Blüten – später Früchte tragend.

Du, Gott,
verwandle auch meine Dürre
in Frühling, Auferstehung, Hoffnung.
Herr, lass mich noch einmal Früchte tragen!

Amen

Therese Gerschwiler, 1941, Reinach

Verletzlich

Guter Gott, du hast uns Martin anvertraut und immer wieder deine schützende Hand über ihn und uns Eltern gehalten. Auch über seinen Bruder Andreas. Bleibe uns nahe.

Ich bin nicht immer stark und tapfer. Schenke mir immer wieder neu Vertrauen ins Leben, Mut und Zuversicht. Wenn es mir so schwer ist, ich mir grosse Sorgen um die Zukunft von Martin mache, wenn wir einmal nicht mehr da sind, schenke mir Mut und Gelassenheit. Ich bitte dich, wache du über ihn, lass ihn immer wieder liebe Menschen um sich haben, die ihm zur Seite stehen. Du bist als verletzlicher Mensch in die Welt gekommen und sorgst dich um verletzliches Leben. Das ist deine Verheissung.

Barmherziger Gott, du kennst uns und nennst uns beim Namen. Schicke Martin Engel, die ihn behüten und mir einen Engel, der sagt: «Fürchte dich nicht.» Ich danke dir. Ich will dir vertrauen.

Ich danke dir für meine liebe Familie und Freunde, die uns stützen und mit uns verbunden sind. Ich danke dir für deine Begleitung.

Ich bitte dich für die Behinderten, die deine Fürsorge ganz besonders brauchen.

Amen

Ruth Lerchner-Kramer, 1943, zwei erwachsene Söhne, Aarau. Der erstgeborene Martin ist seit Geburt cerebral- und mehrfach behindert.

Alles hat Platz bei Gott

Im Heimgarten, einem Wohnheim für Frauen mit besonderen Betreuungsbedürfnissen in Aarau, feiern wir zweimal im Monat eine ökumenische, je nach Teilnehmerinnen auch interreligiöse Andacht. Wir kommen zusammen, singen und beten. Es leben grosse Beterinnen im Heimgarten! Und so wurde das Fürbittegebet immer mehr zum Zentrum dieser Andachten. Wir sammeln vor dem Gebet die Anliegen der Frauen und bringen sie dann vor Gott. Hier lernt man, dass alles vor Gott gebracht werden kann: die Sorge um eine entlaufene Katze, der eigene schmerzende Fuss, die bevorstehende Operation einer Freundin, die Bitte um ein Einreisevisum für einen Verwandten aus der Fremde, der Dank für das Zuhause, das der Heimgarten den Frauen ist – alles hat Platz bei Gott.

Das folgende Fürbittegebet ist ein Beispiel dafür, wie im Heimgarten gebetet wird. Es stammt aus der Andacht vom 29. Januar 2014.

Gott, wir danken dir dafür,
dass die Tage wieder länger werden.
Das Licht tut uns so gut!
Wir sind froh, dass die dunkelste Zeit im Jahr
vorbei ist.
Wir danken dir für jeden Tag,
an dem die Strassen frei von Eis und Schnee sind.
So ist das Gehen nicht so gefährlich
und wir müssen keine Angst haben hinzufallen.

Gott, wir denken an alle Bewohnerinnen und alle
Mitarbeitenden des Heimgartens.
Wir danken dir für das feine Essen,
das die Küchenmannschaft jeden Tag für uns kocht.

Besonders denken wir an jene Bewohnerinnen,
denen es nicht gut geht
und die zurzeit in der Klinik sind.
Sei du bei ihnen, Gott!
Lass sie erfahren, dass du da bist!
Und wir bitten dich,
dass sie möglichst bald in den Heimgarten
zurückkehren können.

Wir denken auch an unsere Verstorbenen,
unsere Eltern und Verwandten,
die jetzt bei dir sind, Gott.
Ganz besonders denken wir an Rita.
Es ist jetzt ein Jahr her,
seit sie starb.
Wir vermissen sie.
Sie fehlt uns.
Sie fehlt im Heimgarten.
Gott, wir danken dir für alles,
was sie uns gegeben hat
in ihrer stillen, feinen Art
und wir sind froh, dass sie weiter bei uns ist,
zum Beispiel in den Mandalas, die sie gemalt
und uns als Karten geschenkt hat.

Und wir denken an die Freundin von Martha,
die noch nicht weiss, wie schwer ihre Krankheit ist.
Sei du bei ihr,
jetzt während all der medizinischen Abklärungen.
Hilf ihr, ihre Angst zu tragen
und lass sie spüren,
wie sehr sie begleitet ist von den Menschen,
die sie gern haben.
Alle unsere Anliegen,
unseren Dank und unsere Bitten,
die wir nicht in Worte gefasst haben,
legen wir jetzt hinein in jenes Gebet,
das wir von Jesus Christus haben.

Wir beten miteinander:
Unser Vater im Himmel ...

Amen

Marta Carle, 1942, pensioniert und interne Beschäftigung
Frida Kuhn, 1947, pensioniert und interne Beschäftigung
Martina Bertolosi, 1992, Haushalt-Frau in einer KITA
Gabriele Jent, 1955, interne Beschäftigung
Susanne Leutwiler, 1952, geschützter Arbeitsplatz im Café
Stiftung «orte zum leben»
Maria Käser, 1946, pensioniert, interne Beschäftigung
Verena Stäger, 1943, pensioniert, Beschäftigung im Tages-
zentrum des EPD und häufige Kirchgängerin

Bitte um Führung

Gott, ich bitte dich: Durchdringe mich mit deiner
Liebe, dass sie für meine Mitmenschen spürbar wird.
Gott, hilf mir, mir selber treu zu sein und in
Achtung vor der Schöpfung zu leben.
Ich bitte um deinen Segen und deine Führung für
alle meine Lieben und auch für mich.
Ich danke dir für alles, was mir geschenkt ist,
und ich bitte um Vergebung für alle Lieblosigkeit,
Untreue zu mir selbst und Missachtung der
Schöpfung.

«Gott, dieser Tag und was er bringen mag,
sei mir aus deiner Hand gegeben.
Du bist der Weg, die Wahrheit und das Leben.
Du bist der Weg, ich will ihn gehen,
du bist die Wahrheit, ich will sie sehen,
du bist das Leben, mag mich umwehen.
Leid und Kühle, Glück und Glut,
alles ist gut.
So wie es kommt,
gib, dass es frommt.
In deinem Namen beginne ich, Amen.»[*]

E. S., 1934, pensionierte Lehrerin für Krankenpflege und
Schulleiterin an einer Pflegerinnenschule, Aarau

---

[*] Aus: Hubertus Halbfas, Der Sprung in den Brunnen. Eine Gebetsschule
© Patmos Verlag der Schwabenverlag AG, Ostfildern, 18. Auflage 2011,
www.verlagsgruppe-patmos.de

Dein stetes sanftes Ziehen

Himmlischer Vater, es erfüllt mich mit Ehrfurcht und Dank zugleich, dass du dich täglich um mich kümmerst und mich so wunderbar erhältst.

Bitte lass mich stets deine Nähe suchen, damit ich unablässig von deiner barmherzigen Liebe und Gnade erfüllt sein darf und so meinem Nächsten dienen und ihn erfreuen kann. Schenke mir stets ein offenes Herz und ein offenes Ohr, um seine wahren Bedürfnisse und Nöte zu erkennen.

Hab Dank, lieber Vater im Himmel, dass du so ein persönlicher Gott bist und du uns durch deinen Sohn Jesus Christus für unsere Verfehlungen Vergebung schenkst. Immer wieder darf ich spüren, wie du mich in die Freiheit und auf grüne Auen führst. Es gibt aber auch Zeiten, da fühle ich mich einsam und leer. Wenn ich mich dann zu dir wende, lieber Vater, spüre ich, wie deine Liebe mich umgreift, erfüllt und durchträgt.

Täglich darf ich meine Familie unter deinen Segen und Schutz stellen, und du erfüllst mein Herz mit deiner Zuversicht und mit grossem Frieden. Danke, dass du meine Bitten erhörst und dein Wille geschieht. Möge dein heiliger Geist mich stets auf meinem Lebensweg begleiten.

Wenn ich so mein Leben betrachte, erkenne ich dein stetes sanftes Ziehen und Anklopfen.

Du hast mich in schwierigen Lebenslagen liebevoll und bestimmt auf meinem Lebenspfad getröstet und geleitet. Dank sei dir dafür.

Vater, es macht mich traurig zu sehen, wie viele Menschen auf dieser Erde unter Armut leiden, unterdrückt werden oder Hunger leiden müssen. Viele satte Menschen dürsten nach einem sinnerfüllten Leben. Bitte erbarme dich über sie und begegne ihnen in ihren Bedürfnissen und sättige sie in Geist, Seele und Leib. Erbarme dich, Heiland, auch über alle Jugendlichen, die sich in Süchte verfangen haben oder in psychischen Nöten sind. Schenke ihnen Menschen zur Seite, die ihnen Heimat, Liebe und Wertschätzung entgegenbringen und ihnen zu Wegbereitern in die Freiheit werden.

Für unsere Behörden in unseren Gemeinden bitte ich dich, lieber Vater im Himmel, um viel Weisheit und Klarheit in all ihren Entscheidungen. Bitte segne und leite auch die Lehrpersonen an unseren Schulen in ihren herausfordernden Aufgaben und den vielen Veränderungen, denen sie sich stellen müssen. Bitte führe und leite sie in deiner Weisheit und schenke ihnen Mut und Kraft und viel Freude, ihren Schülern Vorbild zu sein.

Amen

Ingrid Meier, 1956, Wellnesstrainerin und Krankenschwester, Seengen

Schutzgebet für die Familie

Herr, gib meinem Mann die Kraft,
dass er seine Arbeit mit Ruhe und Bedacht angeht,
dass er seine Grenzen erkennt,
damit er weiterhin Glück und Zufriedenheit findet
in seinem Tun.

Schenk meinen Kindern ein offenes Herz,
offene Ohren und einen offenen Geist,
damit sie das Gute vom Bösen unterscheiden und
damit sie ihre Verletzlichkeit und Grenzen
erkennen.
Behüte sie auf all den Wegen,
auf denen ich nicht mehr mitgehen kann.

Amen

Annette L., 1966, Geschäfts- und Familienmanagerin, Seengen

Sehnsucht nach deinem Reich

Himmlischer Vater, mein Schöpfer, Herr und Begleiter. Was für ein schöner neuer Tag. Deine Liebe ist so gross. Ich danke dir für deine Liebe, für die Menschen, die du mir an die Seite stellst, ganz besonders für meinen Mann und dass du uns reich beschenkst.

Ich lege dir meine Eltern und meine Brüder hin, zieh du sie immer mehr zu dir. Sie wollen vielleicht nichts von dir wissen, aber du liebst sie und sorgst für sie.

Ich lege dir die anstehende Arbeit und den damit verbundenen Stress hin. Schenk du mir Kraft, Freude und Durchhaltevermögen.

Ich lege dir auch den Menschenhandel in der Welt hin. Es ist zum Kotzen und ich schäme mich für die Menschheit. Wir hätten es verdient, von der Erde weggespült zu werden wie zur Zeit Noahs. Doch du siehst alles und wirst alles aufdecken, das jetzt noch im Geheimen geschieht. Ich sehne mich nach deiner Gerechtigkeit für die Menschen, die verschleppt und zur Prostitution gezwungen werden. Ich sehne mich danach, dass Geld seine ungeheure Macht verliert. Ich sehne mich danach, dass wir Menschen Sexualität voll und ganz nach deinem schöpferischen Bild leben können. Ich sehne mich nach deinem Reich.

Herr, vergib mir meinen Egoismus und meine Blindheit. Vater, form du mich immer mehr so, dass ich deinen Willen in dieser Welt tun kann. Schenk du mir offene Augen, damit ich deinen Willen erkenne. Jesus, dir will ich nachfolgen.

Vater, du siehst auch das Gute, das Heilige und das Liebevolle in uns. Zeige mir deinen Blick auf die Menschen, damit ich lieben kann, wie du liebst. Deine Liebe und Treue ist verlässlich. In der Stille sollen meine Gedanken leiser werden, damit ich dein Reden und deine Stimme hören kann. Heiliger Geist komm und erfülle du mich.

Amen

Melanie Brunner, 1988, Vollzeitstudium am Theologisch-Diakonischen Seminar in Aarau, Oftringen

«Ich bin der gute Hirt und kenne die Meinen, und die Meinen kennen mich.» (Johannes 10,14)

Herr Jesus, ich bete dich an als der gute Hirte. Du bist der gute Hirte, der mir vorangeht. Ich bete dich an, weil du auch der gute Hirte meines Sohnes bist. Es gibt keinen Zweifel, du hast gute Gedanken über ihm und du hast einen guten Plan für sein Leben. Du möchtest ihm vorangehen, ihn führen und leiten und ihn auf eine gute «Weide» bringen.

Herr, vergib mir meinen Kleinglauben. Vergib mir, wenn ich zweifle und verunsichert bin, ob du meinen Sohn wirklich liebst und ihn nie im Stich lässt. Vergib mir, wenn ich nur auf das Sichtbare schaue und nicht vertraue.

Du hast uns Kinder geschenkt, danke, Herr Jesus! Du hast uns Marcel geschenkt. Es gibt so viele gute Seiten an ihm, du hast ihn mit Qualitäten und Begabungen ausgerüstet. Er ist hilfsbereit und dankbar. Wir hatten es oft sehr lustig zusammen, als er klein war.

Ja, Herr, und dann ist vieles anders geworden. Mein Herz ist schwer. Mein Sohn hat den Boden unter den Füssen verloren und sich stark verändert.
   Doch DU hast ihm eine Lehrstelle geschenkt. Doch DU hast ihm geholfen, die Lehrabschlussprüfung zu bestehen. Doch du bist an seiner Seite.

Ich darf erkennen und sehen, wie es Schritt für Schritt aufwärts geht. Aber es ist so schwer, Rückschläge zu ertragen. Alte Ängste sind sofort wieder da!

Ich bitte dich, Herr Jesus, heile du Marcel an Leib, Seele und Geist.

Ich bitte dich, hilf ihm täglich bei seiner Arbeit.

«Meine Schafe hören auf meine Stimme, und ich kenne sie, und sie folgen mir.» (Johannes 10,27)

Das ist mein tiefstes Herzensanliegen, Herr Jesus, dass Marcel deine Stimme hört und dir herzlich nachfolgt. Ich stelle ihn unter deinen göttlichen Schutz. Segne ihn, Herr Jesus.

Ja, Herr Jesus, danke, dass du Marcel kennst und ihn liebst. Das ist mein grosser Trost. Ich will dir neu vertrauen.

Amen

Therese Remund, 1953, Hausfrau, Dürrenäsch

Mein Psalm

Du hast mir versprochen, immer bei mir zu sein,
mir zu helfen, wenn ich dich brauche.
Wer bittet, dem wird gegeben, wer sucht,
der wird finden. Das sagst du.
Ich habe erkannt, was an mir noch nicht so ist, wie es
für meine Mitmenschen und mich angenehm wäre.
Weshalb kann ich mich nicht einfach in den
Hintergrund stellen und das Beste für meine
Mitmenschen wollen?
Es schmerzt zu erkennen, dass ich mit meinem
Verhalten oft anecke bei meinen Freunden.
Du kannst heilen, helfen, verändern und mich zum
Rohdiamanten schleifen.
Ich bitte dich!
Lass mich ein Diamant werden für dein Reich,
ein Licht für meine Mitmenschen.
Ich will nicht vollkommen sein.
Ich kann nicht vollkommen sein.
Aber mehr und mehr so werden wie du.
Ein Geschenk der Liebe an diese Welt.
Danke, dass du mich fähig machst zu lieben.

Amen

Simona Bhend, 1993, Vollzeitstudium am Theologisch-Diakonischen Seminar in Aarau, seit neustem verlobt, Oftringen

Du bist die Adresse –
danken

Felix Hoffmann: Auferstehung aus dem Auferstehungsfenster (zweitunterste Szene) im Chor der reformierten Kirche Suhr, 1956–1958. Foto: Hans Fischer

GOTT

ich spreche nur selten mit dir ...
und doch,
ich wende mich an DICH,
wenn ich danke
und wenn ich bitte.
DU bist die adresse meines dankes
für kleines und grosses
am morgen
durch den tag
und am abend.
danke
für alles,
was mir begegnet,
für alles, was ich erlebe
danke.

DU bist die adresse
für meine immerwährende bitte,
die bitte um führung,
um begleitung.
es wird gesagt,
DU bist gnädig,
ich weiss
DU bist gnädig,
nur,
es hat nicht gereicht
bis ich selber
mit mir gnädig,

barmherzig
und liebevoll wurde.

ich bitte um führung
durch den tag
für das gespräch,
für eine sitzung,
für alles, was ich verstehe
und was ich nicht verstehe.
danke, dass du mich führst
danke für das leben
danke für jeden moment
danke dafür, dass ich
mich und DICH
immer besser kennenlerne.
danke.

Amen

Erika Steiner, 1951, Sozialdiakonin und Kalligraphin, Brugg

Mut & Kraft

Lieber Gott,

ich danke dir,
dass du mir den Mut gegeben hast,
Sachen zu tun, vor denen ich Angst hatte,
dass du mir die Kraft gegeben hast,
niemals aufzugeben
und dass du mir den Willen gegeben hast,
immer weiterzumachen.
Ich hätte es ohne dich nicht so weit gebracht
und hoffe auch weiterhin,
dass du mich noch lange durch mein Leben begleitest.
Danke.

Amen

Wynja Killer, 2000, Schülerin, Wohlen

Weltgebetstag

Jedes Jahr reisen wir in ein uns mehr oder weniger bekanntes Land. Wir reisen nicht persönlich dorthin, sondern hören auf die Stimmen der Frauen, die uns «ihr» Land auf vielfältige Weise im Rahmen des Weltgebetstages mit vielen Informationen und mit der von ihnen geschriebenen Liturgie näher bringen. Diese wird in über 180 Ländern rings um die Erde immer am ersten Freitag im März in ökumenischen Gottesdiensten besonders gefeiert.

Wir stehen am Anfang zu der Vorbereitung des
Weltgebetstags.
Frauen aus einem anderen Land
teilen ihre Lebenserfahrungen mit uns,
ihren Glauben, ihre Hoffnung,
ihre Suche nach dir, Gott.

Das ist eine Herausforderung für uns.
Lass uns offen sein für ihre Freuden, Sorgen,
Ängste und Bitten,
so dass wir uns kreativ für ihre Anliegen einsetzen
können
und sie unser Interesse, Mitgefühl und Mittragen
spüren.

Das ist auch eine Bereicherung für uns.
Wir danken dir für alle friedvollen Frauen und
Männer
und alle gesprächsbereiten, weitsichtigen Menschen.
Schenk ihnen Mut, Kraft, Vertrauen und Geduld.

Wir danken für alle neuen Erkenntnisse,
die unser Denken, Beten und Handeln verändern
und für alle sichtbaren Zeichen der Hoffnung,
der Liebe
und der Verbundenheit mit diesen Frauen.

Gott, durch sie lässt du uns erkennen,
wie sehr wir einander brauchen.
Lass uns vertrauen, dass unsere Gebete
auf uns manchmal unsichtbaren Wegen
spürbare Wirkung zeigen.

Amen

Team der Vorbereitungstagung für den Weltgebetstag der
Region Brugg

Danke, dass wir alles haben

Lieber Gott,
ich danke dir, dass wir immer genug zu essen
haben und keinen Krieg.
Bitte beschütze die Menschen, die im Krieg sind.
Ich danke dir, dass ich lebe und du mich beschützt.
Ich danke dir, dass wir alles haben.
Bitte beschütze meine Familie
und auch die Menschen, die im Krieg sind.
Danke, dass du uns Essen und Wasser gibst.

Amen

Morin, 2004, Schülerin

Leben erahnen

Liebe Göttin

Ich sitze am Feuer und lausche dem Knistern der
Flammen.
Ein Feuer, das sich verströmt, wie du, meine Göttin.
Hier am Feuer fühle ich mich dir nah und
geborgen, getragen von dir und Mutter Erde,
die unter meinen Füssen beständig weilt.
Die frische, frühlingserwärmte Luft spielt mit
meinen Haaren
und trägt meine Gedanken fort, schüttelt sie durch,
lässt Träume wachsen und Leben erahnen.
Du forderst mich heraus im Hier und Jetzt zu leben,
nicht im Gestern und nicht im Morgen.
Du bestärkst mich zu sein, wer ich bin, und zu
leben, wie ich bin.
Du schenkst meiner Seele den Raum und die Zeit,
sich für mich zu offenbaren,
denn du, Göttin, nimmst mich in deiner Liebe zu
mir bedingungslos an.
Du magst mich kämpferisch und laut,
aber kennst auch das Leise und Sensible in mir.
Du, Göttin, wendest dich nicht ab.
Du machst mir Mut, schwierige Wege zu gehen,
du schenkst mir Kraft, für mich einzustehen
und hauchst mir Zuversicht ein, wenn ich am
Verzweifeln bin.

Du stösst mich an, mich stets wieder aufs Neue zu entdecken
und auf andere Menschen einzulassen – im Wissen,
von dir getragen zu sein.
Danke, dass du bei mir bist – jeden Tag!

Amen

Sandra-Anne Göbelbecker, 1972, Sozialarbeiterin, Co-Präsidentin
von frauenaargau, Baden

Mein gutmütiger Gott

Ach, lieber Gott
wie oft habe ich schon versagt
wie oft schon habe ich Dinge versprochen und habe
dann doch mein Wort gebrochen
wie oft habe ich dich angelogen, wie oft war ich
nicht ehrlich
wie viele Tränen sind geflossen und wie viele
Schmerzen hast du wegen mir schon ertragen
ach, lieber Gott, es tut mir so leid ...
ich wünschte mir, ich könnte die Zeit
zurückdrehen.
Doch wie wir wissen, geht das nicht ...
doch ich hoffe, du weisst, wie wichtig du für mich
bist ...
Du hast immer Zeit für mich
du hörst dir jedes noch so kleine Problem von mir an
du bist geduldig und du schenkst mir dein Vertrauen
obwohl ich genau dieses Vertrauen so oft schon
missbraucht habe.
Lieber Gott, ich kann dir nur versprechen
dass es in Zukunft nicht mehr so sein wird

denn mit jeder Vermutung hast du immer recht
gehabt
und trotzdem habe ich nicht auf dich gehört!
Lieber Gott, es tut mir so leid!
Ich brauche dich, denn du bist immer für mich da
und hast immer Geduld mit mir!
Dafür danke ich dir!

Amen

Frau, in Hindelbank inhaftiert

Du bist da

Guter Gott,
Danke, dass du da bist.

Du bist da, wenn ich vor Freude Luftsprünge
mache. Du freust dich mit mir!
Danke, schenkst du mir diese guten Momente!

Du bist da, wenn ich mich vor Traurigkeit von allen
und allem zurückziehe. Du weinst mit mir!
Danke, dass du mich nicht verlässt, auch wenn ich
dich in diesem Moment nicht spüre.

Du bist da, wenn ich nicht ich sein kann. Du
erkennst mich auch dann!
Danke, dass du weisst, wie ich wirklich bin.

Du bist da, wenn Schlimmes passiert. Du siehst es.
Danke, dass du siehst, was sonst niemand sieht und
weiss.

Du bist da, wenn ich «Nein» sage. Du stehst hinter
mir!
Danke, dass du meine Grenzen verstehst und
achtest.

Du bist da, wenn ich «Ja» sage. Du stehst hinter
mir!
Danke, dass du meinen Mut erkennst.

Du bist da, wenn ich von einem Ort an den anderen hetze. Du kommst mit mir!
Danke, dass du immer und überall da bist.

Du bist da, wenn ich Ruhe brauche. Du ruhst mit mir.
Danke, dass du weisst, wie wichtig Pausen sind.

Du bist da, wenn ich Entscheidungen treffe. Du nimmst mich ernst.
Danke, dass ich mich frei entscheiden kann und du es akzeptierst.

Du bist da, auch wenn ich dich anklage. Du hältst es aus und wartest auf mich.
Danke, dass du mich verstehst und geduldig bist.

Auch wenn ich so manches in meinem Leben und auf der Welt nicht verstehe und nicht begreifen kann: Das tiefe Wissen, dass du da bist, erleichtert mein Leben und gibt mir immer wieder neue Kraft.

Dafür danke ich dir!

Amen

Céline Rickenbacher, 1981, Sozialdiakonin, Nussbaumen

Annehmen

Mein Gott,
in Dankbarkeit bete ich zu dir. Ich bin dankbar für mein langes Leben, das du mir geschenkt hast. Ich danke dir für alles Schöne, das ich erleben durfte und vor allem für meine grosse Familie.

Mein Gott,
zu meinem Leben gehört aber auch sehr Schweres. Seit dem frühen Tod meines Mannes bin ich alleine unterwegs und das fällt mir nicht immer leicht. Vor einem halben Jahr ist eine meiner Töchter nach schwerer Krankheit gestorben. Ihr Verlust ist fast nicht zu tragen. Sie fehlt mir jeden Tag. Ich habe viel gebetet für sie. Trotzdem ist sie gestorben. Habe ich zu wenig gebetet?

Mein Gott,
manchmal überlege ich mir, was ich anders hätte tun oder anders hätte sagen können. Ich versuche aber, nicht bei meinen Fehlern stehen zu bleiben, denn ich weiss um deine Vergebung.

Mein Gott,
ich versuche, mir nicht grosse Sorgen um die Zukunft zu machen. Ich denke nur für heute und morgen. Mein Gott, hilf mir, alles so anzunehmen, wie es ist, nicht zu klagen, sondern in allem das zu sehen, was mir an Gutem geschenkt wird und worauf ich mich verlassen kann.

Amen

Lily Baumann, 1915, Damenschneiderin, Aarau

Neue Kraft und Hoffnung

Himmlischer Vater,

ich danke dir für die ruhige Nacht, die ich hatte. Danke, Vater, dass ich immer mit dir durch den Tag gehen kann, wohin er mich auch führt, und was er mir auch bringt.

Wenn es dein Wille ist, bewahre meine Familie und Bekannten vor Unglück und Krankheit.

Bitte öffne mir Augen und Ohren, damit ich erkenne, wo oder wie ich jemandem helfen kann.

Bitte vergib mir meine Schuld. Vergib mir, wenn ich auf andere neidisch war oder schlecht über sie geredet habe – vergib mir, wenn ich andere durch mein Handeln verletzt oder enttäuscht habe.

Wenn ich schlechte Gedanken gegen mich selber habe, die mich mutlos machen und mir den Blick für das Schöne versperren, schenke mir neue Kraft und Hoffnung.

Amen

Christine Bolliger, 1966, Detailhandelsangestellte, Zofingen

Komm in mein Herz

Lieber Gott,
hilf mir, komm in mein Herz,
damit ich dich spüre, wenn ich traurig bin.
Hilf, dass ich gesund bleibe.
Danke für Essen, Trinken und meine Geschwister.
Du, ich bin manchmal aber schon sehr traurig und
muss weinen,
weil meine Eltern nicht mehr da sind.
Wir hatten es so gut zu Hause.
Danke, dass du das verstehst.

Amen

Michaela Köfer, 1963, arbeitet und wohnt seit vielen Jahren im
Arbeitszentrum für Behinderte (AZB), Strengelbach

Danke

Vor fünfzehn Jahren habe ich ein neues Herz, ein neues Leben, geschenkt bekommen.
Danke, dass ich meine Kinder ins Erwachsenenleben begleiten durfte.
Danke, dass ich nun meine alten Eltern unterstützen kann.
Danke, dass ich ein Leben ohne Einschränkungen führen darf.
Danke, dass ich mich in Beruf und Freiwilligenarbeit engagieren kann.
Danke, dass ich mit meinen Liebsten abenteuerliche Reisen, wunderbare Wanderungen und herrliche Skitage unternehmen darf.
Danke, dass ich das Leben in seiner ganzen Fülle geniessen darf.
Danke, dass ein «fremdes» Herz zu meinem Herzen werden durfte.
Danke, Gott, dass du immer bei mir warst und bist.

Amen

Marianne Urech-Berger, 1962, Prokuristin, Familienfrau,
Birmenstorf. 1999 nochmals geboren dank Herztransplantation.

Einfach nur mal danke sagen

Lieber Gott, ich bitte dich oft. Klar, du bist immer bei mir, darum wende ich mich zu dir mit meinen Wünschen, Nöten und Problemen.

Doch jetzt möchte ich dir einfach nur mal danke sagen. Danke, Herr, für meinen Mann. Er ist das Beste, das du mir geschenkt hast.

Danke für unsere wundervollen Kindern, die wir auf ihrem Weg begleiten dürfen. Du hast jedes von ihnen so toll und einzigartig gemacht.

Danke, Gott, für meine beste Freundin.

Danke für meine Eltern und meine Schwester.

Danke für meine Omi.

Danke für meine Freunde und Verwandten. Du hast mir sie auf meinen Weg gegeben. Dafür bin ich dir unendlich dankbar!

Sei bei uns allen und segne uns. Und lass uns ein Segen sein.

Amen

Fabienne Kaufmann, 1986, Mutter, Katechetin, Klingnau

Beschenkt und herausgefordert

Vater im Himmel und durch deinen Geist mitten
unter uns,
ahnungslos und voller Vorfreude haben wir sie
erwartet.
Klein, hilflos und verletzlich – und doch genial
einzigartig:
Du hast uns mit zwei Töchtern beschenkt und
herausgefordert.

Wohltuende Erinnerungen sind mir nahe.
Momente voller Glück, tiefer Dankbarkeit
und Erfüllung.
Aber manche Stunden möchte ich kein zweites Mal
erleben und ich bin froh,
sie bei dir gut aufgehoben zu wissen.

Nun wird unser Haus zeitweise sehr still.
Liebevoll füllen unsere Töchter andere Wohnungen
mit ihrer Lebensfreude,
ihren Stimmen, ihrem Lachen und Weinen.
Nicht mehr alles und jedes teilen sie mit uns Eltern.
Loslassen in Freude und Grosszügigkeit lehrst du
mich.

Freie Räume erfüllen mein Herz.
Freiräume füllst du mit Neuem.
Lass diesen Platz zu deiner Heimat werden für neue
Gedanken voller Hoffnung und heiterer Gelassenheit.

So will und kann ich erfüllt weitergehen,
beschenkt und behütet, herausgefordert und voller
Mut.
Danke, guter Gott.

Amen

Evi Hartmann, 1965, Familien- und Pfarrfrau, Brittnau

Danke, dass ich beten kann

Jesus, ich danke dir,
dass du gut zu meinem Vater schaust.
Danke, dass jemand gemerkt und geholfen hat,
als er umgefallen ist.
Du siehst, dass solche Unfälle, seine Trauer um
meine Mutter oder das Leid anderer
Bewohnerinnen und Bewohner des AZB mich
immer so extrem runterziehen.
Dann geht es mir so elend schlecht.
Jesus, ich entscheide mich jetzt, dir zu vertrauen,
dass du für meinen Vater schaust,
dass nicht ich die Verantwortung habe.
Danke, dass ich gemerkt habe,
dass ich beten kann, wenn ich beinahe untergehe
vor Traurigkeit.
Danke, dass ich manchmal deinen Trost spüre.

Amen

Esther Lehmann, wohnt im Arbeitszentrum für Behinderte
(AZB), Strengelbach

Gott nahe zu sein, ist mein Glück

Mein Glück aber ist es, Gott nahe zu sein.
Psalm 73,28

Sei mutig. Vertrau deinem Gott!
nach Psalm 27,14

Herr Jesus Christus, mein Heiland und Erlöser,
ich komme jetzt zu dir mit allem, was mich belastet
und freut. Du hörst und erhörst mich. Dein Wille
geschehe. Dein Wille für mich ist das Beste, was du
mir geben kannst. Ich füge mich, ob ich es verstehe
oder nicht. Deine Wege sind die besten für mich. Du
gibst mir Zuversicht, Trost und Kraft für alles, was
du für mich vorbereitet und vorgesehen hast.

Deshalb bin ich so gerne ganz nahe bei dir. Da
bin ich am glücklichsten. Und dadurch muss ich
mir immer wieder sagen: Sei mutig. Vertrau deinem
Gott! Das hilft mir, wenn ich meine, es gehe nicht
mehr. Ich danke dir für alles, was du mir bis heute
Gutes getan hast. Manchmal kann ich es fast nicht
fassen, was du alles schon für mich vollbracht hast.
Das grösste Geschenk jedoch ist, dass du für mich
am Kreuz gestorben und auferstanden bist. Du hast
alles, was ich jeden Tag an Schuld auf mich lade, auf
dich genommen und vergibst mir immer und immer
wieder, wenn ich fehle. Das zu wissen, hilft unendlich. Deine Gnade und Treue ist jeden Morgen neu.
Jeder Tag ist somit ein Neuanfang. Ich kann immer

wieder versuchen, das umzusetzen, was ich von dir und deinem Wort her weiss. Ich weiss, wie schwer es ist, nicht aufzugeben, dir, Jesus, ähnlich zu werden. Ich lobe und preise, bete dich, du Hocherhabener, an. Manchmal schütte ich mein Herz voll Sorgen mit Tränen vor dir aus, und manchmal bin ich so sehr gerührt, dass es Freudentränen sind. Beides hat Platz bei dir, du mein Allerliebstes auf Erden.

Bitte verändere und verwandle mich in dein Bild. Hilf mir dabei. Ich möchte ein Zeugnis und Segen für dich sein! Ich will dich ehren und preisen. Von mir aus kann ich es nicht, aber du kannst es in mir vollbringen.

Amen

Edith Büchli, 1953, Sekretariat Kirchgemeinde Leutwil-Dürrenäsch, Seengen

lebensstark

Herr, mein Gott
im Alltag der Zeit
möchte ich mich –
einlassen in die Stille
in die Tiefe der Seele
in deine Gegenwart
hingeben
führen lassen
still werden
ankommen
angenommen
verweilen
geborgene Ruhe in dir
auffüllen
berühren
beschenken lassen
farbenfroh
lebensstark
reich gesegnet
für den Alltag der Zeit
dankbar für
die Goldzeiten mit dir.

Amen

Gabriela Bohni-Vögelin, 1964, Masseurin, Pflegefachfrau mit
eigener Massagepraxis, Aarau